ESSAI

SUR LES

FÉDÉRATIONS MARTIALES

EN DAUPHINÉ

Pendant les trois premières années
de la Révolution Française.

MARSEILLE
TYPOGRAPHIE MARIUS OLIVE
RUE PARADIS, 68

1869.

Tiré à 100 exemplaires, dont 20 sur papier vergé à la main.

ESSAI SUR LES FÉDÉRATIONS MARTIALES

EN DAUPHINÉ,

pendant les trois premières années de la Révolution Française.

La lutte était partout. Clergé, noblesse, parlements, tous cherchaient à ressaisir une puissance qui leur échappait, et leurs résistances obstinées avançaient l'heure fatale de la Révolution en la rendant plus terrible. Du reste, suivant l'observation judicieuse de M. Michelet, ces résistances devenaient tout à fait insignifiantes au milieu de l'immense mouvement populaire qui se déclarait de toutes parts. Puis-je mieux faire, pour remplir la tâche que je me suis proposée, que de transcrire ici une page de l'éloquent écrivain, dont on peut ne point partager toutes les idées, mais dont personne ne songera à contester le talent. Il y a dépeint de main de maître cet élan, en apparence plein d'enthousiasme, qui marqua les débuts de la Révolution, alors que les espérances légitimes qu'elle avait fait naître n'étaient pas allées se perdre dans les excès qui la suivirent.

« Jamais (1), dit-il dans son magnifique langage, jamais, depuis les croisades, il n'y eut un tel ébranlement des masses, si général, si profond. Élan de fraternité en 90 ; tout à l'heure élan de la guerre.

« Cet élan d'où commence-t-il ? De partout. Nulle origine précise ne peut être assignée à ces grands faits spontanés.

« Dans l'été de 1789, dans la terreur des *brigands*, les habitations dispersées, les hameaux même s'effrayent de leur isolement : hameaux et hameaux s'unissent, villages et villages, la ville même avec la campagne. Confédération, mutuel secours, amitié fraternelle, fraternité ! Voilà l'idée, le titre de ces pactes. — Peu, très-peu, sont écrits encore.

(1) *Histoire de la Révolution Française*, T. II, p. 40.

« L'idée de fraternité est d'abord assez restreinte. Elle n'implique que les voisins, et tout au plus la province. La grande fédération de Bretagne et Anjou a encore ce caractère provincial. Convoquée le 26 novembre, elle s'accomplit en janvier. Au point central de la presqu'île, loin des routes, dans la solitaire petite ville de Pontivy, se réunissent les représentants de cent cinquante mille gardes nationaux. Les cavaliers portaient seuls un uniforme commun, corset rouge et revers noirs; tous les autres, distingués par des revers roses, amaranthe, chamois, etc., rappelaient, dans l'union même, la diversité des villes qui les envoyaient. Dans leur pacte d'union, auquel ils invitent toutes les municipalités du royaume, ils insistent néanmoins pour former toujours une famille de Bretagne et Anjou, *quelle que soit la nouvelle division départementale, nécessaire à l'administration*. Ils établissent entre leurs villes un système de correspondance. Dans la désorganisation générale, dans l'incertitude où ils sont encore du succès de l'ordre nouveau, ils s'arrangent pour être du moins toujours organisés à part.

« Dans les pays moins isolés, au croisement des grandes routes, sur les fleuves spécialement, le pacte fraternel prend un sens plus étendu. Les fleuves qui, sous l'ancien régime, par la multitude des péages, par les douanes intérieures, n'étaient guère que des limites, des obstacles, des entraves, deviennent, sous le régime de la liberté, les principales voies de circulation, ils mettent les hommes en rapport d'idées, de sentiments, autant que de commerce.

« C'est près du Rhône, à deux lieues de Valence, au petit bourg d'Etoile, que pour la première fois *la province est abjurée*; quatorze communes rurales du Dauphiné s'unissent entre elles, et se donnent à la grande unité française (29 novembre 1789). Belle réponse de ces paysans aux politiques, aux Mounier, qui faisaient appel à l'orgueil provincial, à l'esprit de division, qui essayaient d'armer le Dauphiné contre la France.

« Cette fédération, renouvelée à Montélimart, n'est plus seulement Dauphinoise, mais mêlée de plusieurs provinces des deux rives, Dauphiné et Vivarais, Provence et Languedoc. Cette fois donc ce sont *des Français*. — Grenoble y envoie d'elle-même, malgré sa municipalité, en dépit des politiques; elle ne se soucie plus de son rôle de capitale; elle aime mieux être France. — Tous ensemble ils répètent le serment sacré que les paysans ont déjà fait en novembre : plus de province ! la patrie !..... Et s'aider, se nourrir les uns les autres, se passer les blés de main en main par le Rhône (13 décem.).

« Fleuve sacré, qui traversant tant de peuples, de races, de langues, semble avoir hâte d'échanger les produits, les sentiments, les pensées; il est, dans son cours varié, l'universel médiateur, le sociable *Genius*, la fraternité du Midi. C'est au point aimable et riant de son mariage avec la Saône, que, sous Auguste, soixante nations des Gaules avaient dressé leur autel. Et c'est au point le plus austère, au passage sérieux, profond, que dominent les monts cuivrés de l'Ardèche, dans la romaine Valence, assise sous son arc éternel, que se fit, le 31 janvier 1790, la première de nos grandes fédérations. Dix mille hommes étaient en armes, qui devaient en représenter plusieurs centaines de mille. Il y avait trente mille spectateurs. Entre cette immuable antiquité, ces monts immuables, devant ce fleuve grandiose, toujours divers, toujours le même, se fit le serment solennel. Les dix mille, un genou en terre, les trente mille à deux genoux, tous ensemble jurèrent la sainte unité de la France.

« Tout était grand, le lieu, le moment; et, chose rare, les paroles ne furent nullement au-dessous. La sagesse du Dauphiné, l'austérité du Vivarais, le tout animé d'un souffle de Languedoc et de Provence. A l'entrée d'une carrière de sacrifices qu'ils prévoyaient parfaitement, au moment de commencer l'œuvre grande et laborieuse, ces excellents citoyens se recommandaient les uns aux autres de fonder la liberté sur la seule base solide, *la vertu*, sur ce qui rend les dévouements faciles, *la simplicité, la frugalité, la pureté du cœur!*

« Je voudrais savoir aussi ce que disaient, presque en face, de l'autre côté du Rhône, à la Voute, les cent mille paysans armés qui y firent l'union du Vivarais. C'était encore février, rude saison dans ces froides montagnes;

ni le temps, ni la misère, ni les routes effroyables, n'empêchèrent ces pauvres gens d'arriver au rendez-vous. Torrents, verglas, précipices, fontes de neiges, rien ne peut les arrêter. Une chaleur toute nouvelle était dans l'air; une fermentation précoce se faisait sentir à eux ; citoyens pour la première fois, évoqués du fond de leurs glaces au nom inouï de la liberté, ils partirent, comme les rois mages et les bergers de Noël, voyant clair en pleine nuit, suivant sans pouvoir s'égarer, à travers les brumes d'hiver, une lueur de printemps et l'étoile de la France ».

En lisant ces lignes fort belles assurément, mais un peu trop enthousiastes pour être vraies, je n'ai pu me défendre de me reporter à une époque moins éloignée de nous, où nous avons entendu retentir les mêmes cris, vu éclore les mêmes espérances et caresser les mêmes illusions. Du bruit, du spectacle, des satisfaits du lendemain (1) dont la peau éclate de contentement, des vaincus de la veille (2) qui exhalent leur mauvaise humeur, des ambitieux qui veulent percer à tout prix, des politiques qui cherchent le vent, des utopistes qui tentent d'ériger leurs rêveries en réalités, des fous, agitateurs sans but, qui sifflent ou acclament, des sages (3) qui prêchent dans le désert, et surtout la tourbe des moutons de Panurge qui s'inclinent devant l'étoile du jour !........

L'illustre historien, planant dans des espaces qu'il m'est interdit d'aborder au point de vue particulier et tout local où je me place, ne pouvait que négliger les détails. Mais, si j'en crois certaines pièces qu'il n'a certainement pas ignorées, cette étape de la Révolution Française ne dut pas s'accomplir avec une unanimité

---

(1) *Avis aux Soldats de la Milice Nationale de Grenoble*; sans noms de lieu ni d'imprimeur, in-8°, 2 p.

(2) *Copie d'une lettre écrite par un soldat de la garde nationale de Valence*, le... février 1790; sans noms de lieu ni d'imprimeur, in-8° 8 p.

(3) *A la Fédération de Grenoble*; sans noms de lieu ni d'imprimeur, in-8° 11 p. V. aussi *Opinion de M. Disdier, capitaine en second de la compagnie des Chasseurs, dans l'Assemblée de MM. les Officiers de la Garde Nationale de Grenoble, tenue le Dimanche, 24 janvier 1790, sur l'invitation de se réunir à la Fédération de Valence*; sans noms de lieu ni d'imprimeur, in-8°, 6 p.

aussi touchante et aussi parfaite qu'il veut bien le dire, et plus d'un bâton fut vraisemblablement jeté dans *les roues du char révolutionnaire*, ainsi qu'on disait déjà à cette époque. Qu'on lise la *Copie d'une lettre écrite par un soldat de la garde nationale de Valence*, que j'ai citée en note tout à l'heure, et où sont décrits les tiraillements qui eurent lieu entre la municipalité de cette ville et le commandant de sa citadelle, à l'occasion des préparatifs pour la réception des Fédérés! Qu'on y joigne, si l'on veut, ce témoignage du peu de respect de la milice de Grenoble pour la loi, acte qui se passa au sujet de la Fédération de Valence et non de celle de Montélimart, quoiqu'en dise M. Michelet,... et l'on sera convaincu qu'il n'y avait pas, dans tous ces événements, autant d'enthousiasme et de fraternité qu'on l'a prétendu.

Mais il est bon de revenir sur ce dernier fait.

La milice nationale de Valence venait d'inviter celle de Grenoble à prendre part à une confédération déjà formée par les gardes nationales de plusieurs villes, bourgs et villages, pour prêter le serment d'union. Mais comme les milices, pas plus que les troupes réglées, ne peuvent agir qu'en vertu de la loi et qu'il leur est interdit de marcher sans la réquisition des officiers civils et municipaux, la circulaire valentinoise rappelait à ses invités les conditions auxquelles ils devaient préalablement se conformer. Or, le Conseil-général de la commune de Grenoble, convoqué à ce sujet, délibéra *qu'en renfermant ses pouvoirs dans les dispositions des décrets de l'Assemblée Nationale, il ne pouvait échoir de faire aucune réquisition sur la proposition des Gardes Nationales de Valence à MM. de la Milice nationale de cette ville.* La garde nationale de Grenoble se piqua et crut devoir passer outre, se mettant ainsi en opposition avec la municipalité et avec l'esprit même de l'invitation qui lui était faite. Disons-le bien vite : dans la lettre d'invitation que, le 20 mars suivant, elle enverra aux gardes nationales du Dauphiné pour la Fédération qui doit avoir lieu à Grenoble le 11 avril suivant, elle n'oubliera pas, cédant à de meilleures inspirations (1), d'insérer cette

(1) *Observations rédigées à la hâte, sur un objet très important pour la Ville de Grenoble et pour l'ordre public en général*: sans noms de lieu ni d'imprimeur, in-8°, 4 p.

clause qu'elle-même, dans un moment d'effervescence ou d'erreur, n'avait pas craint de fouler aux pieds, et de leur recommander *de requérir le consentement du Conseil municipal, dans chaque Ville, Bourg et Communauté*. Courageux et loyal aveu des torts de la veille, noble promesse pour le lendemain, qui fut généreusement tenue quand vinrent les mauvais jours.

Nous verrons, de son côté, le Conseil municipal persévérer dans sa décision à l'occasion de la Fédération de Romans (1), puis l'abandonner pour les Fédérations subséquentes, par suite sans doute de nouvelles instructions émanées de l'Assemblée nationale.

Quoique nous ayons vu, tout à l'heure, M. Michelet se demander d'où partait l'élan et ne pouvoir assigner aucune origine précise à ces *grands faits spontanés*, un document de l'époque (2) nous fait entrevoir que la commune de Paris n'y était pas étrangère et travaillait à former des *Fédérations* dans les provinces : *son premier essai, y est-il dit, a été en Dauphiné, le tout pour réaliser le projet de républiques de N.* (Necker); etc.

Voilà le début, voilà l'élan!... L'auteur anonyme de cette pièce nous apprend encore que la Fédération eut lieu sous la protection peu rassurante mais efficace, — et non sans raison, paraît-il, — de huit ou dix pièces d'artillerie chargées à cartouches.... Puis il lève les masques d'une telle façon, que je ne juge pas nécessaire de le suivre afin de ne point m'éloigner de mon but.

Il se passa également, à la suite de cette Fédération de Valence, un fait particulier qui vient à l'appui de mon assertion sur le peu d'entente de ceux qui y prirent part : le rédacteur, chargé du procès-verbal, dénatura dans la relation imprimée la formule du serment qui avait été prêté (3).. . Hélas! la province n'avait pas été tellement *abjurée*, pour me servir de l'expression de M. Michelet, que les riverains du Rhône ne sussent

---

(1) *Registre des Délibérations de l'Hôtel-de-Ville*, séance du 8 février 1790.

(2) *Copie d'une lettre*, etc. (déjà citée).

(3) *Délibération de la Garde Nationale de Valence en Dauphiné*, du 20 avril 1790, etc.; Valence, Viret, in-8°, 4 p.

encore très-bien distinguer le côté *d'Empire* de celui de *France*.....

Tout n'était donc pas enthousiasme dans cette mise en scène, sous laquelle sans doute beaucoup de gens entrevoyaient de ténébreux projets (1) et qui ne rassurait que médiocrement les hommes sensés (2). Il faut encore tenir compte de ces jalousies locales toujours prêtes à s'insurger, à certains moments, contre qui possède le pouvoir et à avilir qui l'a possédé. A cette époque, où le plus mince bourg voulait avoir sa fédération, n'accusait-on pas Grenoble, qui avait déjà manifesté l'intention de suivre l'exemple donné par de plus petits que lui, de vouloir encore exercer par là une *suprématie* (3)? *Eh!* s'écrie avec raison l'auteur de la brochure déjà citée, *quelle suprématie, je le demande, que de suivre un exemple qui lui a été donné par plusieurs villes de la province?* Les gens de mouvement, les provocateurs, l'accusaient en même temps d'apathie, de léthargie, parce qu'il était resté dans l'inaction depuis l'Assemblée de Vizille....

En méditant sur cette origine des Fédérations, telle que veut la comprendre M. Michelet, et en me reportant aux documents contemporains, je suis resté convaincu, faut-il le dire? qu'elle n'est que la brillante erreur d'un noble esprit et d'un cœur généreux. Il m'est impossible, pour mon compte, de reconnaître, dans les masses, l'existence de ce sentiment dont on les dote beaucoup trop généreusement, sentiment que l'on a décoré du doux nom de *Fraternité* et qui n'est, à mes yeux, qu'un mouvement bâtard inspiré par la peur et par l'envie. Cet élan

---

(1) *Avis aux Soldats*, etc., (déjà cité). On cherche, dans cet écrit, à prémunir les Grenoblois contre la fausse accusation portée contre les habitants de Valence, de vouloir faire établir dans leur ville la Cour suprême de Grenoble, insinuation semée dans le but d'exercer la rivalité et la discorde entre les citoyens de ces deux villes.

(2) *Opinion de M Disdier, capitaine en second de la compagnie des chasseurs, dans l'assemblée de MM. les officiers de la Garde Nationale de Grenoble, tenue le dimanche 24 janvier 1790, sur l'invitation de se réunir à la Fédération de Valence;* sans noms de lieu ni d'imprimeur, in-8°. 6 p.

(3) *Copie d'une lettre*, etc. (déjà citée), p. 5.

spontané n'est pour moi que le fil électrique dont le clavier est à Paris.... Cette milice grenobloise, qui se rend *d'elle-même* à la Fédération de Valence et que M. Michelet semble proposer en exemple à toutes les nations, n'est à mes yeux qu'un modèle d'indiscipline.... Et les faits me donneront raison quelques jours plus tard; car, si le Grenoblois s'abandonne parfois avec un peu d'étourderie à la manifestation de son esprit frondeur ou de son mécontentement, son bon sens naturel, son fonds de sagesse reprend bien vite le dessus et le ramène toujours dans les sentiers de la raison.

Mais je ne puis avoir la prétention d'écrire une histoire approfondie des Fédérations, et, après avoir ébauché la description de leur origine et donné une idée de ce qu'elles furent, je veux me borner à dresser la liste de celles dont j'ai pu recueillir les traces dans mon pays, en y joignant celles des autres provinces auxquelles il fut appelé à s'associer, et en y ajoutant des détails qui leur communiqueront quelque intérêt, quand j'aurai l'occasion de le faire.

Fédération d'Étoile *(Drôme)*. — 29 Novembre 1789.

La première Fédération que mentionne l'histoire de cette époque est celle d'Etoile. 21 villes, bourgs ou villages du Dauphiné et du Vivarais furent représentés à cette cérémonie, soit effectivement, soit par des adhésions. Il s'y trouva 12,600 hommes sous les armes : c'est du moins le chiffre qui paraît ressortir de la brochure qui m'a fourni ces détails; mais je pense qu'il représente plutôt celui des gardes nationales qui y déléguèrent des détachements.

C'est là que fut arrêtée en principe la Fédération de la Voute en Vivarais, qui dut avoir lieu le 26 Décembre suivant, avec le concours des Dauphinois et des Vivarois (1).

Fédération de Montélimart *(Drôme)*. — 13 Décembre 1789.

---

(1) *Acte d'union des Gardes nationales de vingt Villes, Bourgs, Villages et Communautés du Vivarais et du Dauphiné*; sans noms de lieu ni d'imprimeur, in 8°, 21 p.

Il s'y trouva en armes 6,000 hommes appartenant à 75 localités du Vivarais, de la Provence, du Languedoc et du Dauphiné, représentant 27,600 hommes (1).

Fédération de la Voute *(Ardèche)*. — 26 Décembre 1789.

Je ne puis fournir d'autres détails sur cette solennité que ce qu'en dit M. Michelet et ce que j'en ai rapporté moi-même à l'article ci-dessus de la Fédération d'Étoile.

Fédération de Dieu-le-Fit *(Drôme)*. — 27 Décembre 1789.

Les gardes nationales de 57 localités différentes s'y trouvèrent réunies à celle de Dieu-le-Fit qui comptait à elle seule 600 hommes (2).

Fédération de Nyons *(Drôme)*. — 3 Janvier 1790.

On y compta sous les armes 2,400 soldats des milices nationales de 23 localités environnantes, représentant 6,580 hommes (3).

Fédération de Valence *(Drôme)*. — 31 Janvier 1790.

Cette Fédération fut très-imposante par le nombre des villes, bourgs et communautés qui s'y firent représenter, soit par des députations, soit par des lettres d'adhésion. On y compta, en effet, 10,000 hommes en armes, représentant le chiffre d'environ 100,000 hommes, et non *plusieurs centaines de mille*, suivant l'exagération un peu trop forte de M. Michelet. Le Dauphiné y fut représenté par 193 localités, le Languedoc par 3, la Provence par 3, le Vivarais par 83, la Touraine, le Lyonnais, le Comtat, l'Alsace, la Flandre, la Lorraine et l'Auvergne par 12 (4).

---

(1) *Fédération de Montelimart en Dauphiné*; sans noms de lieu ni d'imprimeur, in 8°, 14 p.

(2) *Fédération de Dieu-le-Fit en Dauphiné*; sans noms de lieu ni d'imprimeur, in 8°, 14 p.

(3) *Fédération de la ville de Nyons en Dauphiné*; sans noms de lieu ni d'imprimeur, in 8°, 23 p.

(4) *Confédération de la ville de Valence*; sans noms de lieu ni d'imprimeur, in 4°, 32 p.

Fédération de Saint-Marcellin (*Isère*). — 2 Février 1790.

4000 hommes en armes y représentèrent 19,147 hommes de gardes nationales (1).

Fédération de Romans (*Drôme*). — 14 Février 1790.

Cette Fédération réunit près de 4,000 hommes armés (2). Je trouve, dans le *Registre des Délibérations de l'Hôtel-de-Ville de Grenoble*, sous la date du 8 Février, qu'après avoir ouï lecture de la lettre d'invitation de la garde nationale de Romans, le Conseil délibéra qu'il ne pouvait que persister dans la décision prise le 22 Janvier précédent, au sujet de semblable invitation faite par la milice de Valence.

Fédération de Privas (*Ardèche*). — 28 Février 1790.

5,000 hommes appartenant à 115 localités présentes ou adhérentes du Dauphiné, de la Provence et du Vivarais, y représentèrent 15,000 hommes. Grenoble y envoya son adhésion (3).

Fédération de Laragne (*Hautes-Alpes*). — 5 Avril 1790.

700 hommes de garde nationale et plusieurs adhésions (4).

Fédération de Saint-Paul-Trois-Châteaux et de Pierrelatte (*Drôme*). — 6 Avril 1790.

Pas de détails (5).

---

(1) *Fédération de la ville de Saint-Marcellin en Dauphiné, composée des Gardes nationales de 40 villes, bourgs et communautés du Dauphiné*, sans noms de lieu ni d'imprimeur, in 4°, 20 p.

(2) *Affiches du Dauphiné* des 20 février, 6 mars et 6 avril 1790.

(3) *Fédération de Privas en Vivarais*; Valence, Viret, in 8°, 31 p. On y apprend qu'outre les Fédérations déjà connues d'Etoile, de la Voute et de Valence, il y en eut aussi à Vernoux, Saint-Péray, Viviers et Tournon.

(4) *Affiches du Dauphiné* du 17 avril 1790.

(5) *Affiches du Dauphiné* du 24 Avril 1790.

Fédération de Grenoble (Isère). — 11 Avril 1790.

Pour ce qui concerne cette Fédération, je donnerai naturellement quelques notes plus substantielles que les précédentes (1). Il s'y trouva 8,000 hommes sous les armes, représentant environ 1,500,000 hommes. Dans la province, 224 localités y envoyèrent des détachements ; 173, des députations ; 144, des adhésions. 5 localités des autres provinces du royaume y envoyèrent des détachements (2) ; 20, des députations (3) ; et 53, des adhésions (4).

La veille du jour choisi pour cette cérémonie, la fête fut annoncée par trois salves d'artillerie auxquelles il fut aussitôt répondu par des boîtes, placées dans le jardin de M. Dolle cadet, capitaine de la garde nationale (5).

(1) *Procès-verbal de la Fédération de Grenoble* ; Grenoble, Cuchet, 1790, in 8°, 71 p. — *Affiches de Dauphiné* de 1790 (*passim*). — *Description de l'Autel de la Fédération*, note manuscrite de l'époque, qui m'a été communiquée par M. Eug. Chaper.

(2) Parmi celles qui envoyèrent des détachements, on compte Lyon, dont nous avons encore, sur la part que cette ville prit à cette solennité, une pièce intitulée : *Copie de la lettre des CITOYENS de Lyon composans le Détachement à la Fédération martiale de Grenoble, à la Garde Nationale de Lyon* ; Lyon, Baudouin, in 8°, 4 p.

(3) La compagnie des Dragons nationaux de Gap, dans son assemblée du 5 avril 1790, décida qu'une députation de 11 membres serait envoyée à la Fédération de Grenoble, et que, voulant participer autant qu'il était en elle à la Fédération, elle assisterait le 11 courant, à 10 heures du matin, en armes, à une messe solennelle, afin de s'unir de cœur et d'esprit avec ses compatriotes et frères d'armes et de jurer d'adhérer à tout ce qu'ils arrêteraient pour le bien de la Patrie et le salut de l'État. Le 11, en effet, cette délibération fut suivie de point en point : la compagnie se rendit en armes sur la place Saint-Etienne d'où elle défila (étendard déployé) à la Cathédrale, et le serment y fut prononcé devant l'autel : *Ne démentons point la devise de nos drapeaux (signum concordiæ)*, dit le commandant, nommé président de cette cérémonie : *nous la choisîmes dans un temps calme ; elle devient d'un précepte rigoureux dans cette circonstance ; l'union seule fait notre force.* (Extrait du *Registre des délibérations de la Compagnie des Dragons nationaux de la Ville de Gap* ; Grenoble, Veuve Giroud, 1790, in 8°, 4 p.).

(4) Parmi ces adhésions, celle de Corté nous est parvenue, imprimée en italien avec la traduction française en regard : *Lettre d'adhésion de la milice nationale de Corté, en Corse, à la Fédération de Grenoble, 6 avril 1790* ; sans noms de lieu ni d'imprimeur, in 8°, 7 p.

(5) Ce jardin occupait le rocher si pittoresque qui domine la Porte-de-France. Il était beaucoup plus étendu, à cette époque, du côté de la ville, et son propriétaire y avait fait d'énormes dépenses. De là le nom de *Folies-Dolle* qui lui est resté.

Le 11, à l'aube du jour, la Fédération fut de nouveau annoncée de la même façon que la veille. L'armée se forma pour la marche, sur le Chemin neuf, hors la porte Très-Cloîtres, et s'ébranla, à 9 heures du matin, sur le signal qui lui en fut donné par quatre coups de canon tirés successivement. Le régiment de Grenoble marchait en tête avec sa musique et ayant, au centre, 4 pièces de canon.

L'armée entra dans la ville par la porte Très-Cloîtres, suivit la rue Neuve (1), la place Grenette, la Grand'Rue, la place Saint-André et le quai, sortit par la porte de Créqui, défila dans le Cours, saluée à son passage par les boîtes de M. Dolle, et arriva en ordre au Champ de la Fédération (2), après une heure et demie de marche. Elle s'y rangea sur une triple ligne, formant des bataillons carrés, derrière lesquels se placèrent la cavalerie et l'artillerie. La plupart des détachements, presque tous en uniforme, avaient des drapeaux de différentes couleurs, et plusieurs avaient leur musique.

L'Autel se dressait au milieu du Camp. Construit à deux faces, et sur un soubassement octogone de 10 pieds de haut et de 32 de diamètre, il était surmonté d'un baldaquin de velours cramoisi brodé en or, composé de quatre arcades de 10 p. d'ouverture, et orné de huit colonnes de 20 p. de hauteur, accouplées dans les angles et formant des pans coupés. Ces colonnes supportaient les retombées des arcs, et l'édifice, dont la hauteur totale était de 65 p., était couronné par un dôme peint en bleu et parsemé de fleurs de lis d'or. Enfin, ce dôme était lui-même surmonté d'une flèche à laquelle était suspendue une flamme blanche, rouge et bleue, dont l'une des faces était ornée des armes du Dauphiné et l'autre de celles de Grenoble. Sur l'estrade qui régnait autour des colonnes, étaient placés huit grenadiers et huit chasseurs. Sur le devant de l'édifice, en face de l'entrée du Camp, était

---

(1) Actuellement rues Servan, Saint-Vincent-de-Paul et du Lycée.

(2) Le Champ de Mars, qui se trouvait du côté de la Porte-de-Bonnes actuelle, entre les casernes de ce nom et la naissance du Cours-Berriat.

une estrade de 6 p. de haut, occupée par un orchestre de trente musiciens. La décoration était en verdure, et, autour des colonnes, se déroulaient en spirales des guirlandes de couleur blanche, rouge et bleue, avec des écussons aux armes de Grenoble et du Dauphiné. Dans les frises, on lisait les inscriptions suivantes :

LA SOUVERAINETÉ RÉSIDE DANS LA NATION.
TOUS LES HOMMES SONT ÉGAUX EN DROITS.
LA LOI ET LE ROI.
UNE NATION EST LIBRE AU MOMENT OU ELLE VEUT L'ÊTRE.

Sur les soubassements, et au milieu de trophées d'armes, on lisait encore ces quatre inscriptions :

L'AMOUR DE LA LIBERTÉ LES RASSEMBLE.
L'UNION LES REND INVINCIBLES.
C'EST POUR LA PAIX QU'ILS SONT ARMÉS.
MALHEUR A CEUX QUI VOUDROIENT LA GUERRE (1).

Après une salve de canons, deux messes furent célébrées simultanément, et leur fin fut annoncée par une nouvelle salve qui fut en même temps le signal de la prestation du serment. M. Dolle aîné, lieutenant-colonel de la garde nationale et commandant général de la Fédération, prononça un discours de circonstance. Un roulement de tambours suivi d'un coup de canon annonça le moment de prêter le Serment. Les chefs des détachements étaient à leur poste ; les députés, près de l'Autel. M. le commandant lut à haute voix la formule du Serment à l'armée. Aussitôt chacun le prêta, la main droite levée, et les chapeaux s'agitèrent, en signe d'allégresse, à la pointe des épées et des baïonnettes. Nouveau coup de

(1) Le *Registre des Délibérations de l'Hôtel-de-Ville* (séance du 26 mars), nous apprend qu'il fut pris sur les revenus de la ville, pour la dépense de ce majestueux édifice, une somme qui ne dut pas excéder 600 livres, et que sa construction fut confiée aux soins de M. Renauldon fils, officier de la garde nationale, qui, plus tard, devint maire de Grenoble. La note manuscrite de M. Chaper, citée plus haut, nous apprend en outre que la pluie et le vent endommagèrent considérablement toutes ces décorations dont la plupart étaient confectionnées en papier aux couleurs nationales.

canon, et tous les détachements se mêlèrent et se confondirent en signe d'union et aux cris redoublés de *Vive la Nation, Vive le Roi.*

Quatre coups de canon, tirés d'intervalle en intervalle, terminèrent cette fête patriotique en rappelant les Confédérés à leurs rangs respectifs. Tous s'empressèrent de détacher, des colonnades de l'Autel de l'Union, des rameaux de buis et d'en orner leurs chapeaux et leurs fusils, et le défilé commença.

Le même jour, à l'Evêché, M. le commandant de la Fédération donna un repas de 350 couverts, auquel furent conviés les chefs des détachements et des députations de l'armée fédérée, ainsi que toutes les autorités civiles et militaires. Le soir, le même personnage donna encore une fête. Il y eut, dans la ville, illumination générale. On remarqua surtout celle que M. Dolle avait disposée dans son jardin de la Porte-de-France et qui fut précédée d'un brillant feu d'artifice.

Dans la soirée du même jour, la formule du Serment fut transcrite à l'Evêché et signée par tous ceux qui se présentèrent. Le *Procès-verbal* en donne une longue liste, où je ne puis me dispenser de relever un nom, celui de M. Longpra de Fiquel, colonel de la garde nationale de Saint-Geoire. Mes lecteurs comprendront bientôt comment ce nom doit me servir à donner de l'authenticité au seul monument, peut-être, qui nous reste encore de cette Alliance civique.

La plupart des Fédérations de France eurent des médailles frappées pour la circonstance ou en souvenir de ces grandes solennités. Hennin, qui a publié un vaste travail sur la numismatique de la Révolution française, a donné celles des villes de Paris, Lyon, Orléans, Troyes, Lille, Versailles, Leyssart (Ain), Amboise et Alençon ; mais il n'a pas connu celles du Dauphiné, et j'ai le plaisir d'en pouvoir ajouter deux à la liste ci-dessus. Mais je ne veux pas anticiper : il n'est ici question que de la Fédération de Grenoble, et je parlerai de la seconde en sa place.

Or donc, j'ai trouvé dans les archives de M. le baron de Franclieu, parmi quelques titres curieux que j'ai déjà publiés ou qui le seront bientôt, un vieux souvenir de famille religieusement conservé. C'est une médaille de la Fédération de Grenoble ; seulement c'est une médaille qui n'est pas une médaille. Pour m'exprimer avec plus d'exactitude, c'est une petite plaque de carton ovale, recouverte d'une étoffe de soie bleu de ciel et ornée, dans une double couronne qui suit la forme du carton, de trois fleurs de lis d'or, posées 2 et 1, entre lesquelles est un Dauphin d'argent à droite, barbé et crété de gueules, le tout brodé en paillettes et en cannetille d'or et d'argent, et relevé avec de la soie rouge et noire. J'en donne ici un dessin fidèle.

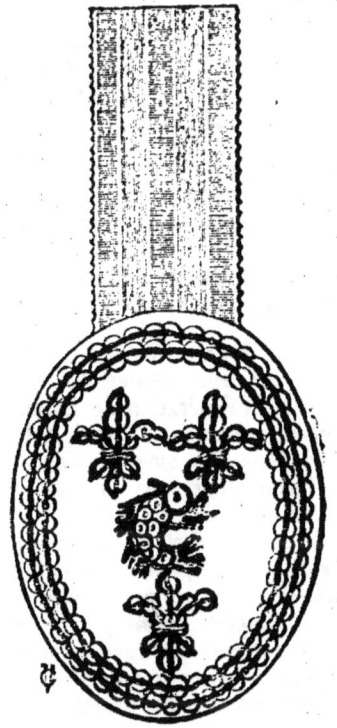

On m'a assuré avoir vu, dans un cabinet de Paris, une médaille, une vraie médaille, en argent, offrant le même type que cette reproduction. J'ai fait ce que j'ai pu pour la découvrir, mais je n'y ai pas réussi et je n'ose affirmer qu'elle existe : il me semble que si un médaillon de ce genre avait été frappé, il en serait parvenu quelque exemplaire jusqu'à nous. Quant à l'insigne en soie dont je viens de montrer l'image, il était porté, suspendu à la boutonnière ou sur la poitrine par un ruban de soie aux couleurs nationales, dont j'ai aussi figuré les dispositions au moyen des lignes conventionnelles adoptées pour le blason. Cet exemplaire, ai-je dit, était un souvenir de famille : il avait, en effet, été porté par M. Longpra de Fiquel, dont je citais le nom un peu plus haut et dont le château, — connu à Saint-Geoire sous le nom de Longpra, — a été transporté par héritage dans la famille de M. de Franclieu. Je tenais à entrer dans ces détails, parce qu'ils affirment, autant que la tradition, l'attribution de cette médaille à la cérémonie publique qui nous occupe, et dont elle n'est pas, à mes yeux d'archéologue, un des souvenirs les moins intéressants.

Fédération de La Roche (*Hautes Alpes*). — 21 Avril 1790.

Cette Fédération des gardes nationales des Hautes-Alpes eut lieu dans la plaine des Crottes (1).

Fédération de Lyon (*Rhône*). — 30 Mai 1790.

Le 18 Mai 1790, le Corps municipal de Grenoble autorisa à se rendre à la Fédération de Lyon, qui devait avoir lieu le 30 du même mois, un détachement de la garde nationale de Grenoble, avec mission de proposer aux confédérés l'adjonction à la formule du serment fédératif, la déclaration suivante, sur laquelle il les inviterait à délibérer : (Nous) *déclarons que nous regarderons comme ennemis de la nation, infidèles à la loy et parjures à leurs serments, tous ceux qui par leurs écrits, par leurs conseils, par leurs complots, même par de simples protestations, auront entrepris ou voudroient entreprendre de soulever les peuples contre la nouvelle constitution du Royaume et contre aucuns des décrets de l'Assemblée*

(1) *Affiches de Dauphiné* du 27 avril 1790.

nationale, revêtus de l'acceptation ou de la sanction du monarque, ainsi que ceux qui refuseroient d'exécuter les dits décrets en leur entier (1).

Fédération de Versailles (*Seine-et-Oise*). — 11 Juillet 1760.

Le Corps municipal de Grenoble décide que, pour répondre à la circulaire des gardes nationales de Versailles pour la Fédération qui doit avoir lieu dans cette ville le 11 courant, vu l'impossibilité d'y envoyer un détachement, il sera écrit une lettre d'adhésion à MM. de la garde nationale de Versailles (2).

Fédération de Paris (*Seine*). — 14 Juillet 1790.

Le 26 Juin 1790, le Corps municipal de Grenoble autorise à se rendre à à la Fédération de Paris, qui doit avoir lieu le 14 juillet suivant, une députation de la milice grenobloise ; il arrête en même temps qu'il sera nommé un député par 100 hommes sur la totalité des gardes nationales du district et qu'il sera alloué à chacun d'eux, pour sa dépense, une somme de 200 livres, laquelle dépense sera supportée par le district (3).

Le 14 juillet suivant, le serment fédératif fut prêté à Grenoble pour s'associer à la fête de Paris. Voici le procès-verbal de cette cérémonie.

« Ce jour d'hui, mercredi, quatorze juillet mil sept cent quatre vingt dix, en suite de l'adresse de la commune de Paris à tous les Français et de la délibération du Corps municipal de la ville de Grenoble du dix de ce mois, portant invitation à tous les citoyens de cette ville, aux troupes nationales et militaires, de se rendre au Cours de la Porte-de-France pour y prêter le serment fédératif, décrété par l'Assemblée nationale ; le régiment de Steiner, le bataillon des Chasseurs Royaux Corses, les brigades de la Maréchaussée et la Garde-nationale se sont rendus, à onze heures, au lieu indiqué, où ils ont formé

---

(1) *Reg. des Délib^{ns} de l'Hôtel-de-Ville*, séance du 18 mai 1790.
(2) *Idem*, séance du 5 Juillet 1790.
(3) *Idem*, séance du 26 juin 1790.

un bataillon carré autour d'un autel à deux faces qui avoit été dressé. Le Conseil général de la commune, averti que tout étoit disposé, s'est mis en marche en habit noir, précédé des mandeurs et accompagné des pertuisaniers. Arrivé sur l'Esplanade et dès qu'il a été aperçu, les tambours ont rappelé, le bataillon carré s'est ouvert dans un angle et le Conseil s'est allé placer auprès de l'autel, où étoient le Lieutenant de Roi de la place et plusieurs autres officiers militaires, ne tenant à aucun des corps qui étoient sous les armes. Deux messes aussitôt ont été célébrées. Dès qu'elles ont été finies, le plus ancien officier municipal, président en l'absence de M. le Maire, a prononcé un discours, à la suite duquel il a lu, à haute et intelligible voix, la formule du serment; pendant la lecture, le Conseil général, les troupes nationales et militaires, tous les citoyens, en un mot, qui s'étoient empressés d'accourir à cette fête, tenoient la main droite levée et faisoient éclater à l'envi leur joie et leur civisme. La cérémonie achevée, les tambours ont rappelé, et le Conseil général s'est retiré à la maison commune dans le même ordre qu'il en étoit parti ».

Suivent les signatures (1).

Une cérémonie semblable eut lieu le même jour à Romans (2), et probablement aussi dans les principales villes du Dauphiné comme des autres provinces.

Fédération de Beaucaire (Gard). — 30 Juillet 1790.

Le corps municipal de Grenoble, dans sa séance du 5 juillet, donne pouvoir aux citoyens de cette ville qui se rendront à la foire de Beaucaire pour leurs affaires et qui se proposent d'y porter leur uniforme et leurs armes, de s'y rassembler en détachement armé sous les ordres des officiers chargés du commandement et d'y représenter la garde nationale de Grenoble, etc. (3).

---

(1) *Reg. des Délibérations de l'Hôtel-de-Ville*, séances des 10 et 14 juillet 1790.
(2) *Procès-verbal de la prestation du Serment fédératif et de la célébration de la Fête civique du 14 juillet 1790.* Valence, Viret, in-4°, 10 p.
(3) *Reg. des Délibérations de l'Hôtel-de-Ville*, 1790

Fédération de Gap (*Hautes-Alpes*). — 14 Juillet 1791.

Parmi les documents que j'ai invoqués à propos de la Fédération de Grenoble, il en est un sur lequel on me permettra de revenir. J'ai eu occasion de nommer la Compagnie des Dragons Nationaux de Gap, et j'ai dit quelle fut sa participation, malgré la distance, à la cérémonie célébrée sous nos murs le 14 avril 1790. Le 14 juillet de l'année suivante, Gap eut aussi sa Fédération, et j'ai relevé dans le procès-verbal de cette solennité, que m'a fait connaître, il y a quelques années, M. Clément Amat, de cette ville, l'article suivant qui m'intéressait particulièrement :

..... *Chaque confédéré portoit, à sa boutonnière, une médaille gravée par le sieur Telmon, citoyen artiste de la ville de Gap, qui a fait hommage de ses talents à la patrie.*

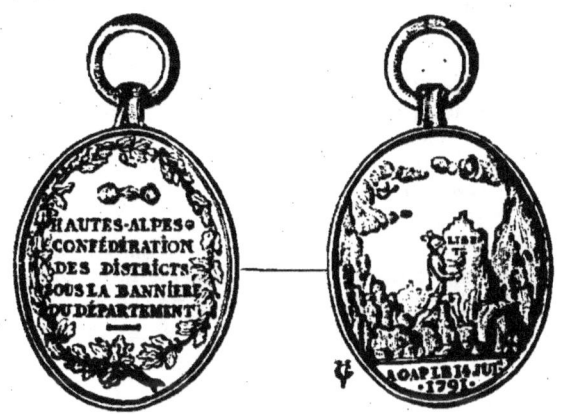

Cette médaille, ovale et ornée d'une bélière, fut frappée en étain. Voici la description de ses deux faces :

HAUTES-ALPES
CONFÉDÉRATION
DES DISTRICTS
SOUS LA BANNIÈRE
DU DÉPARTEMENT.

Au-dessus, une Foi; le tout, dans une branche de chêne se repliant en forme de couronne.

℟. Un dragon national de Gap, escaladant les cimes des Hautes-Alpes et gravant, sur un roc isolé, le mot LIBERTÉ. Au bas, et à droite, la lettre T (initiale du nom du graveur). A l'exergue :

A GAP. LE 14. JUI^{LLET}
1791.

Cette médaille, qui est fort délicatement gravée, a 37 ^{mill.} de haut sur 32 de large. Il n'en existe plus que fort peu d'exemplaires sans doute; car, indépendamment de celui qui me fut communiqué par M. Amat, je n'en connaissais qu'un second, signalé dans le catalogue de la collection de M. Tabard de Grièg,e, vendu en 1844 et dont j'ignore la destinée. Depuis lors, un troisième exemplaire, malheureusement en bien mauvais état, est entré dans mes propres cartons. Voilà, pour le moment, le bilan de ce curieux produit de la période révolutionnaire en Dauphiné. E quand je parle de notre pays, je le fais avec une intention d'autant plus motivée, que ce petit monument lui appartient doublement, et par le sujet qu'il représente et par le nom de l'artiste qui l'a signé.

Hennin ne connut pas cette fort intéressante médaille, lorsqu'en 1826 il publia son *Histoire numismatique de la Révolution française*; et pourtant ses planches nous offrent une importante et curieuse série de pièces de ce genre pour Epinal (7 mars 1790); — il ne fait que décrire cette médaille sans en pouvoir reproduire l'image; — Orléans (9 mai); Troyes (id.); Lyon (30 mai); Lille (6 juin); Versailles (14 juillet); Paris (14 juillet); Leyssart, *Ain* (id.); Amboise (30 juillet); et Alençon (14 juillet 1791). Comme on peut le vérifier par la médaille dont je fais ici l'historique, Gap partage avec cette dernière ville le privilége d'avoir fourni un souvenir numismatique de ce genre à l'année 1791.

Depuis cette publication, a paru, de 1834 à 1839, le *Trésor de numismatique et de glyptique* publié sous la direction de MM. Paul Delaroche, Henriquel Dupont et Charles Lenormand, et renfermant une grande quantité de planches gravées par les procédés de M. Achille Collas; j'y ai retrouvé notre médaille reproduite, d'après l'exemplaire de M. Tabard, dans ce système assurément fort agréable au premier aspect et fort remarquable comme expression de l'art, qui est le cachet de l'œuvre de M. Collas, mais qui n'en est pas moins un genre énervé, diffus et dont on se lasse bien vite, parce que, la plupart du temps, il ne permet pas à l'analyse et au regard de saisir la finesse de détail des sujets représentés, ni de lire les légendes qui les accompagnent. De plus, cette médaille, sur laquelle on n'a pas paru se douter de l'existence du nom de l'artiste, y est décrite d'une façon assez peu satisfaisante. J'espère donc qu'on la verra avec plaisir reproduite dans cette notice, d'après l'exemplaire qui appartient à M. Amat et qui est d'une conservation irréprochable. J'ajouterai que si je n'ai pu, faute de pièces à l'appui, fournir de plus amples renseignements sur la Fédération gapençaise, qui dut ressembler à toutes les cérémonies de ce genre, j'aurai au moins la satisfaction, en terminant cet écrit, de présenter quelques détails ignorés sur l'artiste qui contribua à en perpétuer la mémoire, détails que j'ai pu réunir en 1864, pendant un séjour que je fis à Gap, et qui doivent trouver place dans une notice essentiellement dauphinoise.

Telmont (Charles) naquit à Gap le 13 mai 1758. Il paraît avoir suivi d'abord la profession de son père, orfèvre de cette ville; mais il la quitta bientôt pour entrer au service, lors des guerres de la Révolution. Après avoir payé sa dette à la patrie, il prit sa retraite comme chef d'escadron d'artillerie et se fit de nouveau orfèvre dans sa cité natale, où il exerça les fonctions *d'essayeur de la garantie*. Il était habile peintre de pastel : j'ai vu, dans sa famille, quelques portraits, dus à son crayon, qui ne manquaient pas d'un certain mérite. Il mourut le 5 janvier 1833 (1).

Beaucoup d'autres Fédérations, sans doute, eurent lieu

---

(1) J'ai relevé, sur les registres de la mairie de Gap, les deux actes suivants :

L'an que dessus (1758) et le 13 may a esté batisé Charles Telmont, fils de s' Antoine Telmont, m" or feure de cette ville, et de d"° Marguerite Ollagnier mariés, né ce jourd'huy. Son parrain s' Charles Chusin m" or feure, et la marraine dans notre province; mais, soit que leurs procès-verbaux ne soient pas venus jusqu'à nous ou que les journaux de l'époque n'en aient pas fait mention, soit que je n'aie pas su en découvrir les traces, la notice que j'en donne s'arrêtera forcément ici.

Je ne me dissimule donc point toute l'imperfection de cet *Essai* sur les Fédérations du Dauphiné. Mais, en l'absence de documents difficiles à rassembler, j'ai dû me contenter des pièces que j'ai trouvées dans les archives de la ville; j'ai mis surtout à contribution les riches bibliothèques de M. H. Gariel et de M. Eug. Chaper, et je suis heureux de pouvoir témoigner ici à ces honorables confrères ma gratitude pour l'obligeance qu'ils ont mise à me communiquer tout ce qu'ils possèdent. Les mêmes remercîments s'adressent aussi à M. le baron de Franclieu et à M. Amat, à qui je dois de pouvoir offrir à mes lecteurs les dessins de curiosités archéologiques devenant de plus en plus rares. Heureux si mes efforts peuvent inspirer à quelqu'autre la bonne pensée d'entreprendre un travail plus complet sur cette matière. Ce sujet, qui n'avait pas encore été traité pour notre pays, m'a plu surtout par l'attrait qu'il offrait à mes recherches spéciales, et je me suis décidé à tenter le premier l'attache du grelot...

Me fera-t-on un reproche d'avoir eu ce courage?

GUSTAVE VALLIER,

Membre correspondant de la Société française de Numismatique et d'Archéologie.

Grenoble, juin 1868.

d^{lle} Anne Cordin, épouse de s^r Claude Telmont, notaire de la ville de Briançon, soussignés avec le père.
Chusin, Telmon, Anne Courdin, Telmon, P. Giraud, Gautier, *curé*.

L'an 1833, le 5 janvier, à 2 h. du soir, par devant nous Joseph Allier, maire de la ville de Gap, officier de l'état civil, sont comparus sieurs Jean Joseph Laurent André, avocat, âgé de 31 ans, et Pierre Peyron, instituteur primaire, âgé de 55 ans, tous les deux domiciliés en cette ville, lesquels nous ont déclaré que ce jourd'hui, à l'heure de midi, sieur *Charles Telmon*, chef de bataillon en retraite, né en cette ville, le 13 mai 1758, fils de feu Antoine et de défunte Ollagnier, mariés, y est décédé dans sa maison d'habitation, place St-Étienne, et ont les déclarans signé avec nous le présent acte de décès après lecture faite.

André, Peyron, J. Allier.

www.ingramcontent.com/pod-product-compliance
Lightning Source LLC
Chambersburg PA
CBHW070454080426
42451CB00025B/2734